AF476625

LES QUADRILLES
A LA
COUR DE NAPOLÉON Ier
(1806-1813)

PAR

FRÉDÉRIC MASSON

DE L'ACADÉMIE FRANÇAISE

Eau-forte et Dessins

PAR

EUGÈNE COURBOIN

PARIS

H. DARAGON, ÉDITEUR

30, RUE DUPERRÉ, 30

1904

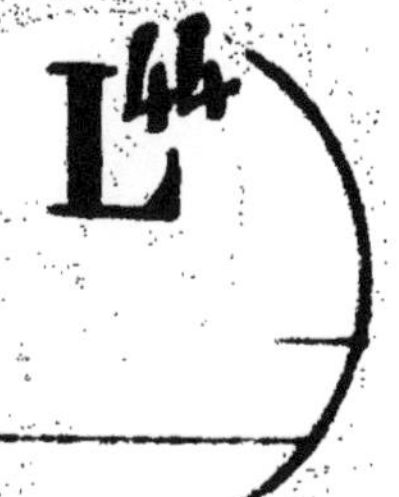

LES QUADRILLES

A LA

COUR DE NAPOLÉON Ier

IL A ÉTÉ TIRÉ DE CET OUVRAGE

Deux cent quinze exemplaires numérotés et signés par l'Éditeur.

200 sur papier vélin du Marais (1 à 200).
10 sur papier de Hollande Van Gelder Zonen (F. à O),
avec deux états de l'eau-forte.

5 sur papier Japon impérial de Tokio (A à E),
avec quatre états de l'eau-forte.

N°

LES QUADRILLES

A LA

COUR DE NAPOLÉON IER

(1806-1813)

PAR

FRÉDÉRIC MASSON

DE L'ACADÉMIE FRANÇAISE

Eau-forte et Dessins

PAR

EUGÈNE COURBOIN

PARIS

H. DARAGON, ÉDITEUR

30, RUE DUPERRÉ, 30

1904

Eug. Courboin del. & sculp.

Imp. Leroy

Quadrille blanc

(1806)

C'est seulement à l'hiver de 1805-1806 que l'Empereur se détermine à donner de grands bals au palais des Tuileries : jusque-là, on a dansé souvent, mais en petit comité, dans les appartements de l'Impératrice, au rez-de-chaussée des Tuileries. Les dames de la Cour étaient seules invitées et les personnes de la Ville étaient exclues : cela n'était point pour faire bon effet et rappelait vraiment un peu trop l'ancien régime et les petits bals de Marie Antoinette. L'hiver précédent (1805), l'Empereur avait accepté le bal que la ville de Paris lui avait offert à l'occasion du Sacre, mais, venir à l'Hôtel de ville, c'était suivre encore les errements des rois très chrétiens. Un souverain démocrate devait en chercher d'autres et il était au moins de bonne politique de rendre, dans les Tuileries, le bal que la bourgeoisie avait donné chez elle. A dire vrai, Napoléon n'en avait jusque-là guère eu le temps ;

car, aussitôt après le Sacre, ç'avait été le voyage d'Italie pour le couronnement de Milan, puis les préparatifs de l'expédition d'Angleterre, puis la campagne d'Austerlitz, mais, à présent qu'on s'amusait, à présent que la Cour, à l'occasion du mariage de Stéphanie de Beauharnais avec le prince héréditaire de Bade, déployait les splendeurs de ses cortèges et faisait si glorieux effet, n'était-ce pas le moment à souhait pour contenter les Parisiens et surtout les Parisiennes ? Une telle fête, c'était plus d'un million jeté au commerce de la capitale, et chacun y trouvait son profit.

C'est donc entendu, et l'Empereur,

qui, depuis le 12 avril 1806, est établi à Saint-Cloud, reviendra tout exprès le 20, aux Tuileries. Les choses sont réglées militairement, car, avec la foule d'invités que l'on veut avoir — deux mille cinq cents invitations ont été lancées — il ne faut ni trouble, ni désordre. Il y aura, pour diminuer l'encombrement et éviter les flux et reflux trop violents, deux bals à la fois, mais deux bals en tout semblables. La moitié des invités pénétrera par le grand vestibule, se réunira dans la Salle des Maréchaux et soupera dans la Salle du Conseil d'État. L'autre moitié entrera par le Pavillon de Flore, se réunira dans la Galerie de Diane et soupera au Pavillon de Flore. Et quels soupers! Pour les noces de Gamache on eût fait moins de cuisine. Le grand-maréchal Duroc, qui fait son compte en homme de ménage, a prévu cent grosses pièces, savoir: seize jambons, seize daubes, seize pâtés, seize longes de veau; neuf biscuits de Savoie, neuf brioches, neuf babas et neuf gâteaux de Compiègne; puis soixante entrées: douze de chapons au riz, douze de fricassées de poulets à la gelée, douze de mayonnaises de poulets, douze de salmis de perdreaux chauds et froids, douze de salades de perdreaux. Après, viennent soixante plats de rôts: poulardes, dindonneaux, poulets et campines ; et encore deux cents entremets, vingt-cinq de blanc manger, vingt-cinq de gelée d'orange, vingt-cinq de gelée de citron, vingt-cinq de crème et cent de pâtisserie. Il y aura encore soixante-douze assiettes de bonbons, soixante-douze de compotes, cent de petits fours, cent d'oranges, cent de poires et de pommes ; il y aura trois mille glaces moulées, et l'on pourra boire mille bouteilles de vin de Beaune, cent de Champagne, cent de Bordeaux, cent de vins de dessert, vingt bouteilles de rhum, sans compter pour mille francs de limonade, orgeat, orangeade et punch.

C'est bien de les nourrir, les invités, mais que fera-t-on pour les distraire? Ce n'est pas pour eux, mais pour le populaire, que, à sept heures du soir, dans le jardin illuminé, le Conservatoire impérial de Musique, juché sur une estrade en bois, exécutera un concert : ce n'est qu'à neuf heures que le bal doit s'ouvrir : Eh bien ! comme faisaient Catherine de Médicis et à son imitation les rois très chrétiens, Valois et Bourbons, la Cour dansera devant la Ville des quadrilles qui seront presque des ballets, où, en des pas très compliqués, des jetés battus, des entrechats, des queues du chat, voire des gargouillades et des flics-flacs, les beaux danseurs et les belles danseuses pourront donner carrière à leurs élégances. En chaque quadrille, seize dames et seize cavaliers. La princesse Louis, la femme de Louis Bonaparte, qui sera demain la reine Hortense, mène dans la Salle des Maréchaux ses dames vêtues de blanc, couvertes et couronnées de fleurs qui diffèrent de quatre en quatre. Les cavaliers ont l'habit de satin blanc fermé par devant et traversé d'une écharpe de couleur assortie aux fleurs des danseuses. Dans la galerie de Diane, la princesse Caroline (Mme Murat, la future reine de Naples,) est à la tête d'un semblable quadrille en costume espagnol. Les hommes ici, (dont un quart est pris d'officiers de la Garde) ont l'habit de velours blanc impérial doublé en levantine blanche, la culotte de drap de soie blanc, une écharpe aux couleurs des danseuses, pailletée et frangée en argent, et, sur la tête, une toque en velours noir à plumes blanches. Ce costume, fourni par le tailleur Sandoz, coûte 518 francs et c'est l'Empereur qui le paye.

Pour éviter la confusion, nul, hormis l'Empereur, ne peut, avant onze heures du soir, passer d'une réunion dans l'autre et les issues sont à cet effet gardées militairement. A neuf heures, les invités sont arrivés et attendent qu'il plaise à Leurs Majestés de sortir des Grands appartements où, dans la Salle du Trône et dans les salons qui la précèdent, se sont réunis les princes, les princesses, les grands-officiers, les ministres, les dames du Palais, et les dames des princesses : A neuf heures et demie entrée de l'Empereur dans la Salle des Maréchaux, quadrille de la princesse Louis; puis, l'Empereur passe dans la Galerie de Diane et là, quadrille de la princesse Caroline. Ensuite l'Empereur se promène dans le bal, il parle à de nombreuses dames invitées ; il reste une heure environ et, à dix heures et demie, il repart pour Saint-Cloud avec sa suite. Alors, les invités ont le permission de danser et même, à partir de onze heures, d'aller d'un bal dans l'autre.

La fête réussit et le commerce de Paris fut satisfait de la dépense qu'elle occasionna : néanmoins, de plusieurs années, on ne recommença point aux Tuileries. Il fallait des occasions et, d'ailleurs, Napoléon avait sur les bras une telle besogne qu'il ne songeait point à faire danser. Tout l'hiver de 1806-1807, il le passe en Pologne à entretenir la guerre; en 1807, les mois de novembre et de décembre, il les passe en Italie. Il est vrai qu'il est de retour à Paris le 1er janvier 1808, mais, au carnaval, il se contente des fêtes que lui offrent ses sœurs, ses ministres et ses maréchaux. Déjà Marescalchi, le ministre des Relations extérieures du royaume d'Italie, a ouvert à ses fêtes déjà célèbres le charmant hôtel qu'il habite au coin des Champs-Elysées et de la rue d'Angoulême, — actuellement rue la Boétie — l'hôtel que Chatgrin a bâti pour le comte de Langeac et qui sera l'hôtel de Flahaut, avant d'être l'hôtel de Massa, mais la grande vogue n'y sera que dans deux ans. Cet hiver, c'est le bal donné à l'Elysée par la princesse Caroline, grande duchesse de Berg, qui emporte tous les suffrages. On y voit un quadrille de Tyroliennes qui réunit les plus jolies femmes de la cour : la grande duchesse d'abord, puis Mme Duchatel,

Mme Regnaud de Saint-Jean-d'Angély, la princesse de Neuchâtel, Mme de Colbert, Mlle de La Vauguyon qui fut depuis Mme de Carignan, Mme de Montmorency, Mme Savary, la princesse de Pontecorvo. Le costume d'uniforme est une jupe fort courte d'une étoffe de laine rouge, bordée d'une large bande gros bleu sur laquelle sont brodées des fleurs en laine de couleur et en or. Le corsage est formé de larges bretelles en étoffe de la couleur de la jupe, bordées de ganses d'or et appliquées sur une chemise de percale très fine à mille plis. La coiffure consiste en un voile de mousseline de l'Inde à broderies en lames d'or. Jusqu'à la chaussure qui a été réglée, avec les bas de soie rouge à coins d'or et les étroits souliers de satin noir. A ce même bal, il y a d'autres entrées : une d'Enchanteurs, une de Vestales, une de Suissesses, mais les Tyroliennes sont les plus applaudies. D'ailleurs, il arrive des ennuis aux Vestales que mène la reine Hortense, laquelle a dispute avec sa belle-sœur, et cela attriste fort leur danse.

L'hiver suivant, 1809, l'Empereur ne revient d'Espagne que le 28 janvier, et l'on ne trouve guère à citer que le bal costumé chez Cambacérès, dans son nouvel hôtel de la rue Saint-Dominique, où les quadrilles sont empruntés aux pièces en vogue : *La Jeunesse de Henri V*, d'Alexandre Duval, et *Les Deux Magots*. Mais le carnaval suivant, celui de 1810, est marqué par une fête inoubliable. L'Empereur vient de divorcer et il entend que le commerce n'en souffre pas, que l'on soit gai et que l'on danse. Aussi chacun s'y emploie et Marescalchi annonce un grand bal pour le mardi gras. Il faut trouver du nouveau, du rare, de l'amusant, et cela n'est point simple. La princesse Caroline, à présent reine de Naples, est heureusement à Paris et daigne s'en mêler : elle est toute en ce moment à la passion du jeu d'échecs ; elle vient d'apporter à Napoléon ce merveilleux échiquier en lave du Vésuve et en corail qui est aujourd'hui une des curiosités du palais de Compiègne. Elle engage des parties par correspondance et passerait volontiers ses nuits à jouer. Tout naturellement, lorsqu'il s'agit d'un quadrille costumé, sa pensée s'arrête à un jeu d'échecs. On choisit donc pour figurer les seize *pions*, seize femmes de même taille qui sont habillées huit en bleu et huit en rouge. Elles sont vêtues, comme des figures égyptiennes, d'une jupe de gros de Naples blanc fort étroite, sur laquelle est serré aux hanches un petit pagne bleu et argent ou rouge et or : le corsage, semblable au pagne, a des manches étroites. La coiffure, est la coiffure classique des Sphynx d'Egypte, si à la mode pour la décoration des meubles. Il y a ainsi la reine de Naples, la princesse de Neuchatel, Mme Regnaud, la duchesse d'Abrantès, la comtesse Duchatel, la duchesse de Rovigo, Mme Alphonse de Colbert, la princesse d'Arenberg, Mme de Canisy, la princesse de Pontecorvo, les mêmes, comme on voit, que dans le quadrille de 1806. Le personnel des jolies femmes est fort considérable à la Cour, mais chaque princesse a ses coteries dont elle ne sort guère. A certaines, la coiffure sied à miracle, mais il en est qu'elle enlaidit à ne pas croire. Les *tours* sont des hommes, et on les a pris entre les plus gros qui soient à la Cour, comme M. de Ponte Lumbriasco, M. de Bausset, et M. de Brigode : ils se cachent en des carcasses d'osier couvertes de toile peinte : Les *cavaliers*, MM. de Montesquiou et de Canouville, coiffés comme les *pions*, ont une sorte de croupe en osier avec laquelle ils jouent à souhait les centaures. Les *fous*, MM. de Septeuil, de Pourtalès et de Carnieux, sont tout simplement habillés comme les fous de Cour au temps des Valois, soit en rouge et or, soit en bleu et argent ; ils ont, sur la tête, une jolie cape à grelots d'or ou d'argent et, à la main, tiennent une marotte sonnante. Enfin, les *rois* et les *reines* sont tout resplendissants : Le *roi* des Rouges, un Ptolémée ou un Sésostris, c'est cet admirable et héroïque colonel Lejeune, l'un des plus beaux et des plus galants officiers de l'état-major du Prince vice-connétable : Sa *reine* est la belle Mme de Barral, dame de la princesse Pauline, une femme qui quelque temps a occupé l'Empereur lui-même. Leurs vêtements de pourpre et d'or ruissellent de rubis que chacun s'est empressé à leur prêter. Pour les Bleus, le *roi* est le colonel de Lagrange, si beau qu'on le surnommait Apollon, si brave et portant si haut la tête qu'on l'eût bien dit un fils des Dieux et la *reine* cette duchesse de Bassano, Mme Maret, dont le pinceau de Gérard a consacré l'impeccable beauté de lignes et la merveilleuse stature. Si les autres ont les rubis, ceux-ci ont les saphirs et ils en portent sur eux une fortune.

Après quinze grands jours de répétitions à l'Elysée, arrive enfin l'heure de la fête. Dans l'hôtel Marescalchi, tous les figurants du jeu se rassemblent ; deux sauvages entrent dans la salle du bal avec une immense toile cirée sur laquelle est figuré un échiquier, et ils l'étendent en dansant. L'orchestre, à ce signal, attaque une marche composée tout exprès, et, deux par deux, les *pions*, les *fous*, les *cavaliers*, les *tours*, les *rois* et les *reines* défilent devant les spectateurs émerveillés. Sur deux estrades, deux tribunes plutôt, placées l'une vis-à-vis de l'autre, montent deux magiciennes masquées, à la robe bleue ou rouge, parsemée d'étoiles d'or ou d'argent. Ce sont elles qui jouent la partie. La magicienne bleue, du bout de sa longue baguette, touche un pion bleu, la reine de Naples, qui fait un *chassé* en avant : riposte de la magicienne rouge, et, durant un temps, un par un, les pions *chassent*. S'il y a prise, le pion qui prend, fait faire *un tour de main* au pion qui est pris et le met en pénitence sur le bord de l'échiquier. Les *cava-*

liers avancent en *pas basque*, les *fous* en *jetés battus*, mais il ne faut point abuser : on prend la partie la plus courte, celle qui est classique sous le nom *Échec du berger* et les rouges sont faits mat sans presque s'être défendus : S. M. la reine de Naples étant dans les bleus, on lui doit bien la victoire.

En ces sortes de ballets, quoique le talent de la danse fût alors bien plus répandu qu'aujourd'hui, les solis étaient toujours un écueil et il eût été préférable, à tous les points de vue, qu'on se fût borné à des ensembles. La représentation du jeu d'échec était d'autant moins bien trouvée que l'immobilité de la plupart des figures était requise d'obligation, que les mouvements des danseuses étaient fatalement identiques, que, nécessairement, un seul personnage devait évoluer à la fois, que la marche du jeu n'était compréhensible que pour les initiés et que la terminaison de la partie ne donnait lieu à aucun *divertissement*, mais ces inventions compliquées étaient assez dans le goût de Caroline.

Au carnaval de 1811, l'Empereur a ordonné trois bals masqués : un chez le prince de Neuchâtel (Berthier), un chez l'Archichancelier (Cambacérès), un chez le comte Marescalchi. Il se plaît à ces bals particuliers bien plus qu'aux bals des Tuileries où il se sent en représentation. Là, chez d'autres, il se croit inconnu, il s'imagine qu'il passe inaperçu et qu'à peine sait-on qu'il y est présent. Sans doute, point de police en apparence, au moins à l'intérieur. Mais qui peut méconnaître le ton du maître lorsqu'il parle ; qui peut méconnaître sa démarche et son allure de corps, lorsqu'il s'avance, se dandinant suivant une habitude qu'il a prise, engoncé dans un domino qu'il s'imagine le déguiser. Rien ne l'amuse comme d'interpeller quelque dame de sa cour et de lui conter les histoires qu'il sait d'elle par sa police. Mais, s'il lui plaît qu'on lui réponde sans avoir l'air de le reconnaître, et que, aux mots vifs dont il intrigue une dame, celle-ci riposte par une phrase plus vive encore, il ne lui convient point d'ignorer qui lui parle et, au besoin, s'il ne trouve point tout de suite, il porte la main au masque et l'enlève pour voir le visage. Il a, à ces bals masqués, ses rendez-vous d'habitude avec Mme Tallien qui, parce qu'elle est devenue Mme de Camaran-Chimay, s'imagine qu'on a oublié les succès et les revers de Teresia Cabarrus et qu'elle pourra rentrer en grâce, forcer la porte obstinément fermée des Tuileries. Napoléon, malgré tout, a de l'amitié pour elle et se contente de lui dire :

« Mettez-vous à ma place et décidez. » Mais elle se garde bien de décider et remet à l'année suivante, espérant toujours qu'elle le trouvera plus clément et plus facile, qu'elle saura l'attendrir.

Mais cela n'est point intriguer, c'est comme un rendez-vous tacite, donné et accepté une fois pour toutes. C'est du nouveau que cherche Napoléon et qu'il désire. Sans doute, il s'imagine un peu trop que l'incognito dont il se couvre, lui permet toutes les fantaisies de paroles et il garde un peu trop, sous le masque, un ton de sous-lieutenant, mais, lorsque la riposte arrive en face et qu'il sent qu'il n'est pas reconnu, il rit franchement. C'est au bal chez Cambacérès qu'il attaque de paroles Mme Amé de Saint-Didier, femme du Préfet du Palais et fille du général Mathieu-Dumas, un des héros de la guerre de l'Indépendance américaine. Celle-ci riposte « qu'il y a au bal des gens qu'il faudrait mettre à la porte, qui n'ont pu sans doute y entrer qu'avec des billets volés ». Une autre fois c'est bien pis avec Mme de Mesgrigny, Mlle de Rambuteau en son nom ; mais ici il faut une explication. Mme de Mesgrigny était une des plus jolies femmes de la Cour impériale ; épouse d'un écuyer de l'Empereur qui fut entre les fidèles au moment des désastres, elle avait été appelée elle-même au poste tout de confiance de sous-gouvernante du Roi de Rome. Mais, avant, Napoléon avait eu quelque velléité de lui plaire. La première fois, elle avait pris la chose en riant; la seconde fois qu'il avait entamé le même sujet, elle avait répondu qu'elle serait bien fâchée de quitter Paris où elle se plaisait fort, mais que, si l'Empereur persistait, elle se verrait obligée de dire à son mari qu'elle voulait aller dans sa terre de Champagne où elle mourrait d'ennui. L'Empereur n'avait rien répliqué, mais, quelques jours après, il l'avait nommée sous-gouvernante de son fils. Seulement, il avait sa petite vengeance à tirer et il n'y manqua point. En 1805, lorsqu'il était allé à Milan se faire couronner Roi d'Italie, il s'était arrêté à Troyes. Mˡˡᵉ de Rambuteau, point mariée encore, vivait dans cette ville avec sa famille, ruinée par la Révolution et réduite presque à la misère. Elle remit à l'Empereur une pétition où elle demandait la restitution des biens non vendus ; et, à peine rentrait-elle dans le logis misérable de ses parents qu'un page y arrivait à grand fracas, apportant un décret rendu sur l'heure et qui rétablissait les Rambuteau dans une fortune de plus de trente mille livres de rente. Comme la pétitionnaire était charmante, on imagina dans la ville que la galanterie était pour quelque chose dans la faveur qui lui avait été accordée, et ce fut cette histoire que l'Empereur rappela au bal masqué, en ajoutant que personne ne doutait qu'elle n'eût payé *le droit du Seigneur*. A peine ces mots étaient-ils prononcés que, malgré sa timidité et sa douceur habituelles, Mme de Mesgrigny se leva et s'éloigna avec colère, des larmes plein les yeux, disant qu'on abusait étrangement du droit que donnait le bal masqué. Cinq ans après, Napoléon ne se rendait pas compte encore exactement de l'insulte qu'il avait faite à cette jeune femme. « Moi seul, disait-il, pouvais lui parler ainsi sans l'insulter, parce que cela se disait, il est vrai, mais que j'étais bien sûr qu'il n'en était rien. » La défense est d'autant plus médiocre que Napoléon faisait tout pour n'être point reconnu.

Il avait même inventé, afin de dérouter le monde, de s'adjoindre un Sosie. C'était le peintre Isabey qui, plus adroit que quiconque aux imitations, singeait à miracle la démarche et la tournure de l'Empereur, et, sous le domino, faisait illusion au point que les plus familiers s'y trompaient. Sur un seul point il péchait : ses mains étaient grosses près de deux fois comme les mains de Napoléon, mais celui-ci, en conséquence, mettait quantité de gants les uns sur les autres de façon à changer en entier l'aspect de ses mains. Choisissant alors un compagnon de la taille du Grand-maréchal, sinon Duroc lui-même, Isabey faisait bruyamment son entrée dans le bal, tandis que Napoléon s'y glissait mystérieusement.

L'Empereur n'a jamais endossé de costumes de caractère ou de fantaisie : mais ses dominos étaient très variés de couleurs : le 26 mars 1809, la petite cassette paye, au premier valet de chambre Constant, une somme de 320 francs pour un mémoire de fournitures de dominos et de masques pendant le carnaval ; en 1810, le service de la toilette fait faire deux dominos en taffetas ; en 1811, Constant reçoit, pour masques et dominos, 628 francs ; en 1812, voici deux dominos, un gris et un bleu, et, en 1813, un domino de levantine noire. Dans l'inventaire de la garde-robe en 1814, se trouvent indiqués au total cinq dominos pour les bals.

Napoléon n'était point si empressé à se divertir que, même au bal masqué, il oubliât longtemps les affaires. Parfois, au milieu d'une contredanse, il avisait un officier de son état-major et le faisait prévenir, par Duroc ou par Berthier, qu'il eût à venir le lendemain aux Tuileries. Il s'était souvenu que, depuis longtemps, il n'avait point de nouvelles précises de telle ou telle de ses armées et avait pensé que ce danseur lui ferait un bon rapport. Et le danseur partait le lendemain ; souvent il ne revenait point du tout, parce qu'il avait été tué, ou il revenait, comme le colonel Lejeune, après avoir traversé toute l'Espagne comme prisonnier, avoir passé la mer, et s'être évadé des prisons anglaises. D'autres fois, c'était quelque grosse affaire diplomatique qui l'occupait ; il s'adressait à un ambassadeur ou même à une ambassadrice, l'emmenait en un salon écarté et, posant son masque, traitait à fond quelque question politique. En fait, et quoiqu'il pensât trouver à ces plaisirs mondains quelque délassement, l'activité de son esprit n'y rencontrait point sa pâture nécessaire et se lassait bientôt des cancans obligés. Au moins cela était-il quelque chose pour son intelligence, pour sa malignité, pour certains travers de son caractère. mais les quadrilles qui n'étaient que pour les yeux l'amusaient moins encore. Pourtant il jugeait que cela était utile et il voulait qu'on en dansât.

On n'a point de trace des quadrilles qui furent dansés, en 1811, chez Marescalchi, mais il n'en est pas de même pour le petit bal donné, le mardi gras 26 *février* 1811, dans les appartements de l'Impératrice aux Tuileries. Marie-Louise étant dans le huitième mois de sa grossesse, il n'a pu être question d'un bal cohue où la Ville serait invitée. Pourtant, rien qu'avec les gens de la Cour, il y aura de quoi remplir tout le rez-de-chaussée des Tuileries. On dansera dans la Salle à manger et dans la Galerie; le Salon jaune sera ouvert d'abord ; puis, après les quadrilles exécutés, on ouvrira le Salon bleu et la Salle de billard afin qu'on puisse faire le tour des appartements. Les invités arriveront à neuf heures et demie. Ils pourront être masqués, mais alors ils se feront reconnaître dans le vestibule au fourrier du Palais. Ils pourront apporter leur domino et se masquer dans la pièce de l'entresol, où ils trouveront aussi des costumes à choisir. Quant aux quadrilles, ils seront dansés dans la Galerie à dix heures et demie quand l'Empereur et l'Impératrice auront été prévenus : mais Leurs Majestés entreront masquées dans le bal, et on se contentera d'avancer une chaise pour l'Impératrice dans le lieu où elle voudra se placer. Après les quadrilles, on pourra circuler dans l'appartement et les orchestres joueront des danses. Le souper sera servi, vers les deux heures du matin, par tables de huit couverts, dans la

Salle des Gardes et dans l'appartement de la Dame d'honneur. Tout est réglé : les détails de police, les précautions contre l'incendie, les mesures d'ordre pour les voitures, le nombre de plats pour les buffets, et la quantité de rafraîchissements qu'on boira. Les quadrilles peuvent faire leur entrée.

C'est Despréaux, le mari de la Guimard, qui a réglé le quadrille que mène la princesse Pauline : les douze signes du Zodiaque. Lefebvre, le bibliothécaire de l'Opéra, a composé une musique tout exprès et l'on a répété huit jours durant, sous la direction du sieur Joly violon répétiteur, et des sieurs Michel et Abraham, professeur et prévôt de danse. Les hommes ont des costumes exquis : Combre, costumier du Théâtre français, a composé, pour M. le comte de Noailles, un certain habit de 730 francs, composé d'une cuirasse, d'un manteau, d'un pantalon maillot avec tonnelet, ceinture et baudrier, qui est d'un goût tout à fait à part. Marche, chef tailleur de l'Académie impériale de Musique, a eu pour M. de Talhouët qui représente le mois de juin, pour M. de Bellissen qui est le mois de juillet, pour M. de Grammont — le mois de décembre, — pour M. Dumanoir — le mois de janvier, — pour M. de Montbreton — Bacchus, des inventions qui, pour classiques qu'elles sont, n'en font pas moins bon effet. Ce sont des tuniques de couleurs variées avec des manteaux assortis et des bonnets phrygiens de soie claire. Il y a des accessoires en carton d'un prix modeste, mais que sont les costumes d'Hortense et de Pauline et des dames qui les accompagnent !

Pourtant ce ballet n'a point laissé de grandes traces dans la mémoire des contemporains ; sans les papiers de comptes, on ne saurait qu'il a été dansé. Mais voici que le Roi de Rome est né : à l'occasion des fêtes données pour son baptême, Napoléon avait décidé d'abord que, le 16 juin, deux bals seraient donnés simultanément aux Tuileries, l'un dans la Salle des

Maréchaux, l'autre dans la Salle de Théâtre transformée en salle de bal. Il devait y avoir, outre la Cour, deux mille personnes de la Ville invitées, et les bals seraient ouverts par des quadrilles exécutés par les dames et les officiers de la Cour. Après avoir approuvé ce programme le 14 avril, l'Empereur y renonça et remplaça cette fête populaire par un Banquet en grand couvert et une représentation de la *Didon* de Paër. Mais il y revint sept mois plus tard, et tout ce qui a été fait jusqu'ici n'est rien près de ce qu'il prépare.

C'est dans la Salle du Théâtre des Tuileries que deux bals seront donnés les 6 et 11 février 1812. Au moyen d'une disposition spéciale et d'un décor ingénieux, la scène est transformée en une sorte de rotonde semblable à celle qui se trouve vis-à-vis, de telle façon que la salle forme un immense parallélogramme, à une extrémité duquel sont disposés, sur une estrade, des sièges pour l'Empereur, l'Impératrice et les princes de la Famille, tandis que, à l'autre extrémité, est installé l'orchestre. Des deux côtés longs, quatre rangées de banquettes. L'éclairage, trouvé mesquin lors du banquet du 16 juin, est considérablement augmenté. Le grand foyer est transformé en buffet et l'on y recommande une prodigalité pareille à celle du bal de 1806.

Mais, au contraire de ce qui s'est passé alors, il y a deux catégories très distinctes d'invités : une formée de gens qui danseront, l'autre de gens qui verront danser. Au bal, et pour danser, on invite toute la Cour, toutes les personnes présentées, les douze dames qui ont reçu l'Impératrice au bal de la Ville, un certain nombre de demoiselles, filles ou sœurs de personnes présentées, un certain nombre d'auditeurs, d'officiers de la Garde ou d'aides de camp, choisis parmi les jeunes dansant. Le tout forme de treize à quinze cents invitations et l'Empereur lui-même revoit la liste : il y fait des corrections et adresse des observations au Grand chambellan sur l'inconvenance d'inviter des demoiselles dont les mères ne seraient pas invitées, mais il n'a point l'idée de la suprême inconvenance qui consiste à faire venir huit à neuf cents personnes choisies parmi les premières classes de la Ville pour regarder danser la Cour. Ces huit à neuf cents personnes, celles-là même qui appartiennent à la bourgeoisie éclairée, opulente, partant d'autant plus désireuse d'égards, susceptible d'opposition, et vaniteuse de l'égalité qu'elle croit avoir conquise, entreront par le vestibule du Conseil d'Etat ; elles seront placées par des huissiers et des valets de chambre dans les premières, les deuxièmes et les troisièmes loges; elles ne pourront en sortir ni pour aller au buffet, ni pour entrer dans le bal. Seulement, on leur fera l'aumône de quelques rafraîchissements qu'on leur portera. Point de souper pour elles. C'est purement à un spectacle qu'on les convie, un spectacle à la vérité que donnent les princesses, et l'Impératrice même.

Les invitations pour le bal portent dix heures pour tout le monde, dix heures et demie pour les princesses et les ministres, mais, exactement à dix heures et demie, Marie-Louise fait son entrée en costume de Cauchoise : jupe de velours raz nacarat, corset de velours bleu et de boutonnade d'or, garni d'un fichu et de manches en mousseline bordées de dentelles de Malines. Sur la jupe, un tablier en mousseline lamée d'or, garni de malines. Comme coiffure, un bonnet cauchois en velours raz rouge, organdi et argent. Pour bijoux, au cou, un collier en gros jaserand, avec plaque formant croix et poire ; aux poignets, des bracelets en or émaillé ; aux oreilles, des boucles d'oreilles à poire, puis une grande chaîne, un anneau en argent doré auquel pend une médaille d'or émaillée ; aux souliers, des boucles en pierres fausses. Le costume a coûté 1764 francs 20 centimes, les bijoux 731 francs.

A peine Marie-Louise est-elle assise aux côtés de l'Empereur, qui a simplement revêtu un domino de couleur, (il y en a cent soixante-et-un à la disposition des invités ainsi que vingt costumes de caractère tous loués chez Babin), que la porte, du côté du foyer, s'ouvre à deux battants et l'orchestre entame une sorte de marche guerrière. C'est le quadrille des princesses Caroline et Pauline qui fait son entrée : voici d'abord les douze divinités descendues des astres ; ce sont des *étoiles* ou des *constellations*, M. de Lennep écuyer, le comte de Rambuteau, chambellan, le baron de Saluces, écuyer, le comte de Monteynard, le comte d'Hautpoul, officier d'ordonnance, M. Pallavicini, auditeur au Conseil d'Etat, le baron Duhamel de Prié, maitre des cérémonies, le baron de Lambertye de Gerbevillers, écuyer, le comte de Clermont-Tonnerre, chambellan de la princesse Pauline, le comte de Chabrillan, officier d'ordonnance de l'Empereur, le comte de Montguyon, chambellan, le baron de Montbreton, écuyer de la princesse Pauline. Chacun a reçu pour l'occasion une gra ification de 6.000 francs et ces *Etoiles* dansent un pas avec leurs brillants costumes, un peu ridicules, car les tonnelets ne sont jamais pour avantager les dieux. Paraît *Iris* : c'est

Mme la comtesse Legrand, Mlle Schérer, une mariée de 1811, qui, avec ses dix-sept ans, est une des beautés les plus fraîches du monde impérial. Ce qu'elle fait, le poète Dupaty, auteur du livret, le dit en vers :

Elle parcourt ces lieux d'une course légère
Et, pour en éloigner les profanes mortels,
Autour du bois sacré suspend son arc en ciel.

Cela est fort poétique, mais point très facile à imaginer. Il n'y a point de bois sacré, car nul décor n'a été planté et l'arc en ciel est simplement figuré par des voiles de gaze de diverses couleurs. Après le pas que danse *Iris*, entrée des *Nymphes*; elles s'échappent de « *leurs grottes humides* » et viennent cueillir « *les odorantes fleurs* ». Elles sont fort jolies, ces nymphes : ce sont la comtessse Duchatel, la nouvelle duchesse de Castiglione, Mesdames de Colbert, de Brignole, de Laitre, la duchesse Dalberg et la comtesse de Montmorency ; mais, après elles, *Zéphir* vient en scène : il est charmant, tout blond, et l'on dirait que l'homme a été fait pour le rôle : c'est M. de Galz-Malvirade, ancien premier page, lieutenant sur le champ de bataille d'Austerlitz, capitaine au 7e Hussards et, depuis un an, officier d'ordonnance de l'Empereur. Il poursuit les *Nymphes*,

Les atteint, les enlace en leurs propres festons
Forme autour de leurs bras une amoureuse chaîne,

et finalement danse un pas avec elles.

... Rome paraît
Et vient sur les destins consulter les oracles.

Rome, c'est la princesse Pauline, merveilleusement belle sous un costume qui met en relief toutes ses beautés. Sa tête mignonne est coiffée d'un casque d'or bruni, couronné de quelques légères plumes d'autruche blanches ; sur sa tunique de mousseline de l'Inde à lames d'or, est posée une petite égide à écailles d'or, au centre de laquelle est fixé le plus grand des camées Borghèse. A ses bras nus, des bracelets d'or avec des camées; à ses pieds, des brodequins à bandes de pourpre brodées d'or, dont chaque croisement est arrêté par un camée. Elle tient à la main une demi-pique dorée et, s'avançant ainsi dans la pleine lumière avec des mouvements d'une douceur et d'une grâce infinies, elle apparaît comme un être presque surnaturel, une divinité véritable au milieu de ces demi-dieux de pacotille. *Egérie* sort du milieu des nymphes : *Egérie* c'est la comtesse de Noailles, Mlle de Talleyrand, celle que, un moment, Napoléon a pensé faire épouser à

Eugène de Beauharnais, une des femmes le plus à la mode, hier au Faubourg Saint-Germain, à présent aux Tuileries. *Égérie* présente à *Rome* un miroir où celle-ci aperçoit ses destins futurs. *Rome*, rassurée, relève la tête : l'orchestre attaque un air belliqueux, et l'on voit apparaître le *Génie de la Victoire*, M. de Montmorency, le *Génie du Commerce*, M. de Prié, le *Génie de l'Agriculture*, M. Le Clément de Taintegnies, le *Génie des Arts*, M. de Montaigu ; ils annoncent *la France* qui est représentée par la reine de Naples. Caroline, vêtue d'une robe longue, blanche et or, que traverse un manteau de pourpre brodé d'or, coiffée d'un casque à grand panache, est un peu écrasée sous ce costume. Sa taille n'a plus la sveltesse qu'a conservée la taille de Pauline. Un peu courte et épaisse déjà, elle est comme engoncée par son manteau. La tête seule est demeurée charmante, d'une fraîcheur de fleur. *Rome* et *la France* dansent ensemble un pas fort compliqué pour exprimer leur satisfaction pendant que les *Nymphes* et les *Génies* entourent *Rome* de leurs guirlandes de fleurs. Ce n'est pas tout : la fête serait incomplète sans *Apollon*, le beau La Grange, qui s'avance en dansant, lyre en main, lauriers en tête, vêtu d'un maillot chair. Il est fort joli homme sans conteste, mais, ainsi costumé, avec ses yeux louchons et sa couronne mal assujettie sur des cheveux d'emprunt, il est franchement comique. Heureusement n'a-t-on guère le temps de l'examiner ; les *Heures* le suivent, les vingt-quatre heures : c'est, pour les *Heures du jour,* la comtesse de Bouillé, la duchesse de Bassano, Mme de Braacamp, la comtesse Andréossi, la comtesse Curial, Mme Mouton de Lobau, la comtesse Regnaud de Saint Jean d'Angely, la comtesse Daru, la comtesse de Chabrillan, la comtesse Walther, Mme de Lambert et la comtesse de Montaigu. C'est, pour les *Heures du soir*, Mme de Crillon, la baronne Le Pelletier d'Aulnay, la comtesse de Beauharnais, la baronne Lepic, Mme de Broc, la comtesse de Crouy-Chanel, Mme de Ligneris, la baronne Foy, la baronne Anatole de Montesquieu, Mme de Chastenet, Mme de Laubépin et la comtesse de La Vieuville. Pour trouver ainsi vingt-quatre *Heures* à joindre à huit *Nymphes*, il n'a point fallu être trop difficile sur la beauté, et, dans les *Heures du soir* en particulier, il s'en trouve quelques-unes qui sont d'âge respectable. Ainsi la comtesse de La Vieuville, l'ancienne maîtresse de d'Antraigues, dont le fils d'un premier lit, depuis belles années hors de page, fait dans ce même quadrille la huitième *Etoile*; ainsi la pauvre Mlle de Crouy-Chanel qui représente *Minuit* et dont on dit : « C'est Minuit passé ».

Les *Heures* dansent autour d'*Apollon* qui fait semblant de jouer de la lyre, tandis que, sur un signal de *la France*, les *Génies* se sont élancés hors de la salle toujours en dansant. Les *Heures* intéressées par la musique que semble faire *Apollon*, musique toute consacrée à célébrer la gloire de l'Empereur, prêtent une attention à ce point soutenue qu'elles en oublient leurs pas :

Pour la première fois on les voit s'arrêter.

C'est qu'elles doivent prolonger ainsi, avec la vie de Napoléon, le moment sublime de sa gloire. Autour d'elles, *Zéphyr* s'empresse et vient présenter des fleurs. Il offre à *Rome* l'Iris et l'Immortelle, en même temps que, revenus du séjour céleste, les *Génies*, messagers des dieux, apportent un manteau triomphal et une armure dont *Rome* est revêtue par les soins de la France. Avec une nonchalance adorable, la princesse Pauline (*Rome*) se laisse parer mais qu'est-ce encore que les *Génies* viennent de remettre à la *France* ? C'est un portrait, le portrait d'un enfant, un nouveau né, qui a trouvé dans son berceau la couronne de Rome et, à genoux, *Rome* reçoit ce portrait tandis que les *Nymphes*, les

Heures, *Egérie*, *Iris*, *Zéphyr*, les *Génies*, les *Etoiles* exécutent un ballabile final.

C'est un véritable ballet comme on voit et il n'est point inutile que M. Dupaty en ait, quoiqu'en vers assez obscurs, raconté le libretto, car on pourrait aisément s'y perdre. Pour la richesse des costumes il est difficile d'aller plus loin, car chacun de ces costumes des *Nymphes du Tibre*, en laine blanche brodée en or, avec deux rangs de frange d'or en point turc, et, au bas, une broderie de feuilles de chêne vert et or, coûte 800 francs. Chacune des princesses paye à Leroy environ 20.000 fr. pour les costumes des dames et, pour les hommes, c'est l'Empereur qui leur donne à chacun 6000 francs de gratification. La dépense totale excède cent mille francs.

La reine de Naples et la princesse Pauline avaient eu leur quadrille, il fallait que la reine Hortense eût le sien : ce fut cinq jours après, le 11 février 1812, dans la même salle, qui avait reçu la même décoration, sauf qu'on avait supprimé l'estrade et les fauteuils pour Leurs Majestés. Marie-Louise en effet avait voulu, elle aussi, avoir, comme on disait, sa mascarade et avait ordonné à Garneray de lui dessiner toute une suite de costumes que Leroy exécuta. C'étaient toutes les provinces de l'Empire que devaient symboliser les dames de la Cour : Marie-Louise s'était réservé pour elle-même le costume des femmes de Corfou, lequel n'est point peu compliqué : sur une robe de dessous en satin blanc qu'accompagne une tunique de même étoffe, est jetée une tunique de satin vert à chef d'or, sur laquelle s'ajuste une robe brodée à colonne en or fin. La taille est serrée dans une chemisette à manches longues, ceinturée de gaze d'or et traversée d'une écharpe de satin ponceau brodée d'or. Sur la tête, une toque en satin ponceau et or que recouvre un voile de mousseline brodée. Coût : 2 800 francs. (Il faut toujours penser, lorsqu'on parle d'argent, que, de 1811 à 1904, en quatre-vingt-treize ans, la valeur du signe monétaire a baissé en France de plus de moitié : ainsi, pour prendre un exemple, dans l'année 1812, la rente 5 °/₀ a été cotée au plus haut 83 francs 60 centimes et au plus bas 76 francs 50 centimes. Aujourd'hui, la rente 3 °/₀ vaut en France en moyenne 98 francs. On avait donc alors 1 franc de revenu pour 16 francs de capital, tandis que l'on a aujourd'hui 1 franc de revenu pour 32 francs 66 centimes de capital).

La reine de Naples a choisi un costume dalmate avec robe de mousseline rayée d'or, pantalon de satin blanc rayé en vert, écharpe en satin lilas, voile de mousseline lamée d'or; il coûte 1.800 francs. La duchesse de Montebello a un costume presque semblable à celui de l'Impératrice, mais qui ne coûte que 1.500 francs. Mme la comtesse de Montemart est en costume corse (782 francs), la comtesse de Lucay en Bretonne (664 fr.), la duchesse de Bassano en Tyrolienne (550 francs) ; la duchesse de Rovigo en Landaise (650 francs), la princesse d'Eckmühl en Toscane (506 francs), et voici la comtesse Duchatel en Basquaise, Mme de Mercy en Bordelaise, Mme de Talhouët en Maconnaise, la comtesse Philippe de Ségur en Strabourgeoise, la comtesse de Brignole en Hollandaise, la comtesse Daru en Vosgienne, la comtesse de Lauriston en Milanaise, la comtesse de Bouillé en Piémontaise, la baronne de Mesgrigny en Béarnaise, la duchesse Dalberg en femme de Neuchâtel, et puis des costumes de la Lorraine, de la Flandre, de Gênes, de Naples, de Hambourg, de Dantzick, de la Provence, de la Savoie, des environs de Paris, pour 24.756 francs 20 centimes de costumes, que paie la cassette de Marie-Louise. Un des plus jolis est, à coup sûr, le costume polonais de la duchesse de Castiglione ; la jupe en satin blanc et or, avec le spencer en velours pensée garni de renard bleu et, sur la tête, une toque polonaise en velours pensée rehaussé d'or, sur laquelle est appliqué un oiseau de Paradis. Il ne coûte que 1.054 francs ; c'est pour rien.

Mais si la mascarade de Marie-Louise est éclatante et superbe, elle n'est qu'une mascarade ; les dames qui en font partie dansent bien en exécutant leur *Entrée* particulière, mais ce n'est point ici un ballet figuré, tandis que le quadrille que mène la reine Hortense est une véritable pièce mimée.

La scène empruntée à Marmontel (*Les Incas* ; *chapitre XVII*) se passe au Pérou, au moment de la conquête, en 1525, dans une île sauvage. D'abord, arrivent des Péruviens et des Péruviennes : les Péruviens sont Messieurs de Montesquiou, de Bongars, de Flahaut, de Canouville,

de Bellissen, de Marmier, de Villeneuve, de Sainte Aulaire, Germain et Perregaux. Les Péruviennes, Mesdames de Montesquiou, de Grammont, de Fezensac, de Graville, de

Villeneuve, de Maillé, de Rochefort, de Menou, de Broc, de Bellissen, d'Ambrugeac, Mlle de Bourgoing, Mme Gantheaume, Mme Mollien, Mme Letort et Mlle Cochelet : seize Péruviennes pour dix Péruviens. Tous sont masqués et les costumes légers et courts sont du meilleur effet. Les femmes ont la jupe en gaze rouge et bleue rayée d'or et d'argent, sur la poitrine un soleil, sur la tête un diadème en paillon et en plumes. Les hommes ont, sur un pantalon de tricot, une tunique en gaze semblable aux jupes des danseuses et garnie de plumes, le même soleil et le même diadème. Chaque costume coûte 300 francs. Les danses réussissent aussi fort bien et d'autant mieux qu'elles ne sont qu'un ensemble, qu'elles sont gaies, claires, vivantes, mais voici où le drame commence : entre Alonzo, officier castillan, — le comte d'Arjuzon — qui, séparé de l'armée de Pizarre, cherche son fils égaré comme lui. Il se trouve au milieu des sauvages, qui l'entourent, le désarment, annoncent le projet de le faire périr et sortent pour aller prendre leurs arcs et leurs flèches, après l'avoir confié à leurs femmes qu'ils menacent de toute leur colère si elles le laissent s'échapper. Aussi, quoique Alonzo supplie les femmes de lui rendre sa liberté, elles ne cèdent point à ses prières et forment une danse guerrière autour de lui. Arrive le fils d'Alonzo — c'est un jeune page de l'Empereur qui joue ce personnage et il le joue au mieux. Il exprime sa terreur en voyant son père enchaîné ; il se précipite à ses pieds ; il essaie d'attendrir les Péruviennes qui vont céder à ses larmes, lorsque les Péruviens reparaissent armés d'arcs et de flèches. Les femmes intercèdent vainement pour obtenir la grâce de l'Espagnol ; déjà, les arcs sont tendus et les flèches encochées, lorsqu'une marche religieuse se fait entendre. C'est la reine de l'Ile, grande prêtresse du Soleil, la reine Hortense ; elle est entourée des Prêtresses du Soleil, la duchesse de Bellune, la belle comtesse Dulauloy, Mme Delaborde, Mme Rampon, Mme Harel, Mme Wattier-Saint-Alphonse, Mme Molé, Mme Octave de Ségur, la baronne de Brehan et Mme de Montalivet. Leur robe de mousseline, garnie de frange effilée d'or, est retenue, par une ceinture croisée en chef, sur une robe de dessous en satin blanc. Sur la robe de mousseline, brodée à la poitrine d'un soleil d'or, est passée une étole de satin brodée d'or, avec soleil et frange d'or. Leur coiffure est un diadème de paillon à pointes sur lequel tombe un grand voile de mousseline brodée d'or.

Cela coûte 450 francs. La Reine a un costume presque semblable mais beaucoup plus riche, tout couvert de diamants et de perles. Les Prêtresses portent religieusement l'image du Dieu qu'elles servent. C'est le Soleil. Sur la bannière où il est figuré, on lit ces vers :

Le Soleil, roi des Cieux, de splendeur couronné
Gouverne en l'éclairant l'Univers étonné,
De son vaste regard embrasse toute chose,
Ne s'égare jamais, jamais ne se repose.
Il est l'image et le rival des Dieux.
Ici nous l'adorons, il doit l'être en tous lieux.

Le jeune Alonzo tombe aux pieds de la Reine pour obtenir la vie de son père. La Reine l'accorde à condition que Alonzo, père et fils, rendront hommage au Soleil. Ils y consentent de fort bonne grâce et se prosternent devant la bannière. La Reine témoigne son contentement de cette conversion spontanée par un pas qu'elle danse avec les Prêtresses. Les Péruviens et les Péruviennes se mêlent à la ronde et tout le monde s'en va fort satisfait.

Il est certain que le quadrille de la reine Hortense, infiniment moins compliqué que celui de la reine Caroline, moins coûteux aussi, car il ne revient à la reine qu'à 13.566 francs tout compris, échappe à bien des ridicules que l'autre s'est donnés volontairement. On peut être péruvien, même péruvien d'Opéra, à la façon de Marmontel, on n'est point *Apollon* et *Zéphir*, *Rome* et *la France*. Un ballet épique tourne facilement au grotesque même dansé par des danseurs de profession, mais, dansé par des reines, des chambellans, des colonels, des écuyers, avec cet appareil mythologique et cet imbroglio de flatteries bonbonnières, il aurait sans doute fort diverti les spectateurs des loges, s'il n'y avait point été question de S. M. l'Empereur et Roi et de la naissance de son auguste fils. C'étaient là des points réservés, à propos desquels le rire était interdit et qu'on devait envisager avec le sérieux d'un enthousiasme dynastique.

On ne rit qu'en sortant, — et encore, — car les pauvres spectateurs des loges, qui n'avaient eu que des glaces pour les réconforter, eurent une sortie malencontreuse. Les carrosses des dignitaires, des ministres, des dames de la Cour, obstruant toutes les rues et garnissant toute la première cour des Tuileries entre les grilles, ils durent, sous une pluie torrentielle, aller chercher leurs voitures sur la place. Les femmes furent trempées ; les toilettes furent perdues, et, dans la ville toute entière, le mécontentement fut extrême. Mieux eût valu mille fois ne point convier la bourgeoisie que de la placer ainsi en condition d'infériorité et en attitude presque forcée d'opposition. Vingt années avant, cette même bourgeoisie avait renversé un trône et bouleversé l'Etat pour se mettre de pair avec la Noblesse et le Clergé, et voilà que, à présent, elle se trouvait invitée à regarder danser une nouvelle noblesse, une caste nouvelle formée de tous les éléments qu'elle haïssait le plus : l'aristocratie de naissance et l'aristocratie de courage.

Et pourtant, au carnaval de 1813, l'Empereur, bien qu'il eût dû être informé du mauvais effet produit en ville par ce genre d'invitations, voulut les renouveler. Bien des danseurs manquaient à l'appel, ils étaient restés en Russie, d'autres plus nombreux dans les hôpitaux d'Allemagne morts, blessés, prisonniers. Les femmes non plus n'étaient guère en train de danser : mais l'Empereur entendait qu'on s'amusât, que les marchands de Paris eussent des toilettes à fournir, et que le carnaval se passât comme si l'on ne revenait point de Moscou. Par ordre, on dansa donc chez la reine Hortense, la seule princesse qui se trouvât à Paris, Caroline étant dans ses Etats et Pauline passant l'hiver dans le Midi. Puis, pour le Mardi Gras 2 Mars, on prépara un grand bal masqué aux Tuileries. Même disposition de tous points que l'année précédente : la grande salle de spectacle illuminée, fleurie, enrubannée, le bal ouvert seulement aux personnes présentées, les loges réservées aux personnes de la Ville, nulle communication entre les unes et les autres. Napoléon avait demandé à Hortense de faire danser de nouveau le quadrille des Péruviens : mais, six des Péruviennes de 1812 et deux des Prêtresses se trouvant en grand deuil, il fallut aviser et les remplacer : ce furent Mesdames de Tanlay, d'Audenarde, de Braga, de Sainte Aulaire, d'Hermanstadt, Legrand et Regnier qui acceptèrent les successions des Péruviennes absentes et Mesdames Regnaud et de Léry celles des Prêtresses du Soleil. La reine Hortense n'eut à payer pour les remplacements de costumes que 2856 francs 50 centimes. Mais comme, à défaut des sœurs de l'Empereur, il convenait qu'elle se multipliât, elle organisa outre le quadrille des Péruviens, une Mascarade suisse, beaucoup moins nombreuse, semble-t-il, mais d'un goût charmant. Le costume de la reine consiste en une robe de dessous en velours nacarat, une jupe de dessus de taffetas bleu Marie-Louise ; un corset de velours noir, à plusieurs rangées de dentelle d'or et de point d'Espagne, avec une guimpe et des manches en percale d'Ecosse plissée à très petits plis ; au cou, un collier de velours et d'or, des bracelets semblables aux poignets ; un tablier court en mousseline sur la jupe et, pour coiffure, un chapeau de paille orné d'une demi-guirlande de fleurs, avec nœuds de velours en diadème. Les autres costumes sont semblables comme forme, mais en couleurs différentes : chacun coûte 650 francs et chaque chapeau 80 francs.

Marie-Louise, elle, a inventé un quadrille napolitain : dix femmes seulement : elle, en costume de la province d'Ultro ; la jupe en gros de Naples gros jaune, avec le bord en velours plein gros bleu ; le corset en velours gros bleu avec des manches lamées en or, et une guimpe de percale d'Ecosse. Sur la tête, coiffée en nœuds de rubans rouges et or, un voile long de mousseline lamée. Cela coûte 1.400 francs. La duchesse de Montebello a le même costume avec des couleurs inversées. Les huit autres dames sont en paysannes des environs de Naples ; la duchesse de Bassano, jupe jaune, corset gros bleu, tablier lilas ; la duchesse de Castiglione, jupe bleu de ciel, corset chamois ; la princesse Aldobrandini, jupe mauve, corset bleu Marie-Louise ; la comtesse de Mortemart, jupe verte, corset velours plein immortelle ; la duchesse de Frioul, jupe bleu de ciel, corset nacarat ; la comtesse de Lauriston, jupe nacarat, corset gros jaune et argent ; la comtesse de Croix, jupe amaranthe, corset de velours noir ; la comtesse Villain XIIII, jupe bleu Marie-Louise, corset bleu Marie-Louise et orange ; chacun de ces huit costumes coûte 850 francs. C'est l'Empereur qui paye la facture : 9.600 francs.

Qu'on ne croie pas au moins qu'il paye moins cher que les autres. Les costumes de la mascarade de l'Impératrice sont entre les plus riches que Leroy ait fournis pour ce bal du 2 mars. Les autres femmes de la Cour ne paient guère d'ordinaire leur toilette que trois ou quatre cents francs : si celle de Mme de Savoie-Carignan, un costume de paysanne prusienne, revient à 454 francs, c'est une exception qui tient à la dentelle de point autour de la chemisette de mousseline, à la blonde autour du bonnet de velours nacarat, car le costume en soi, comprenant la jupe en velours jaune plein avec soufflets de satin nacarat, le corset en velours bleu Marie-Louise et le tablier nacarat brodé en ruban, ne monte qu'à 234 francs, et Mme la comtesse Duchatel est fort élégamment costumée à la Charles VII, avec jupe de satin blanc et or, corset à manches bouffantes avec aiguillettes en or fin et nœuds de satin avec point turc en or et fichu monté avec ruches et point turc pour 278 francs, à quoi il faut joindre le masque de 6 francs.

S'amuse-t-on au moins pour son argent ? Il est permis d'en douter. On sait le départ de l'Empereur tout proche et l'on écoute, dans les silences de l'orchestre, le bruit de ces multitudes armées s'avançant au pas militaire contre les frontières de France.

L'année suivante, le mardi gras, 22 février 1814, l'Empereur, vainqueur deux jours avant à Montereau, assistait désespéré à l'incendie allumé par les Russes à Méry, pour arrêter le passage de son armée. Sept années plus tard, à la veille d'expirer, le souvenir de ce mardi gras de 1814 était si présent à sa pensée que, disposant de son domaine privé en faveur de ses anciens soldats et des villes et campagnes qui avaient le plus souffert de l'Invasion, il ordonnait que, de la somme totale, un million fût prélevé pour la ville de Méry. De sa pensée, tout a disparu des temps joyeux, des carnavals folâtres, des fêtes somptueuses : il ne se rappelle, des mardis gras anciens, ni les Tuileries illuminées, ni l'énivrement des musiques, ni la pompe des cortèges, ni la beauté des danseuses, ni l'agrément des quadrilles à sa gloire ; il ne voit plus que cette ville en flammes, ces femmes désolées, ces paysans que les Cosaques ont massacrés. C'est le seul mardi gras dont il se souvienne.

ACHEVÉ D'IMPRIMER

le 23 mars 1904.

SUR LES PRESSES DE

LAFOLYE FRÈRES

à Vannes.

Pour

H. DARAGON

A LA MÊME LIBRAIRIE

Paru précédemment dans cette série
Ludovic Halévy (de l'Académie Française)
LE 4 SEPTEMBRE 1870. — Dernières séances du Corps législatif et du Sénat. — Eau-forte et dessins par A. Robida, 1 vol. in-16 tiré à 215 exemplaires numérotés et signés sur vélin du Marais......... 15 fr.

(Les exemplaires sur papier de luxe ont été souscrits bien avant l'apparition de l'ouvrage.)

Plusieurs volumes sont à l'impression dans cette série. — Tous sont inédits et signés exclusivement par des Membres de l'Académie Française.

www.ingramcontent.com/pod-product-compliance
Ingram Content Group UK Ltd.
Pitfield, Milton Keynes, MK11 3LW, UK
UKHW020259220726
13923UKWH00002B/969

9 782019 206383